un petit livr

Tagada sacré chat !

*Texte d'*Isabelle Jouve-Gaudin
Illustrations de Dankerleroux

DEUX COQS D'OR

Mon chat Tagada, c'est le plus chouette de tous les chats.
Expert en galipettes, il me fait tourner la tête.
Comme je ris quand il fait des guilis !
Et ses glissades, quelle rigolade !

Chaque soir, il chasse mes cauchemars
et me ronronne des mots doux.
Tagada est mon seul ami.

Depuis quelque temps, Tagada a un drôle d'air,
il tourne en rond et ne joue plus.
« Ce chat s'ennuie », a dit le vétérinaire.
Hier soir, Tagada a disparu.

On a tout exploré, des chambres à la salle de bains, dans les moindres recoins. Pas l'ombre d'un chat. Plus personne à dorloter, pas de ronron à écouter. J'étais désespérée.

Ce matin, je suis partie à l'école en traînant les pieds, la gorge serrée.

Quand soudain, en classe… je sens bouger sous ma chaise,
j'aperçois quelque chose qui dépasse de mon sac à dos.
C'est rose comme une fraise. On dirait un museau.

Et là, Tagada surgit tout frétillant.
Quelle joie de le retrouver !
Il saute de table en table puis glisse sur le banc.

Patatrac ! Les élèves sont surpris,
et la maîtresse pousse un cri.
« D'où sort cet animal ? »

Tagada passe comme une fusée entre ses pieds,
puis rebondit dans un cerceau,
pour atterrir dans le coffre à jouets.
Il ressort, un nœud sur la tête, les pattes emmêlées
dans un fil violet, et parcourt la pièce dans tous les sens,
en formant des zigzags. Quel clown !

Une grande partie de cache-cache commence alors.
Les élèves cherchent partout, mais c'est lui le plus fort.
Quel cirque !

Un enfant enroulé comme un saucisson
dans le fil de coton s’écrit : « Je l’ai trouvé, il est là ! »
en montrant le plafond.
Tagada perché au-dessus du tableau me regarde de là-haut
en se léchant une patte. Quel acrobate !

Puis il s'enfuit par la fenêtre entrouverte
et prend la poudre d'escampette.
« Excusez-moi, je reviens », dis-je en filant.
Les élèves dévalent déjà l'escalier derrière moi.
« Mais, mais… Arrêtez ! » fait la maîtresse en nous suivant.
Dans la cour, on crie à tue-tête : « Reviens, Tagada ! »

De loin, il paraît minuscule.
Comme un funambule, il passe sur le mur
et saute dans la rue.

Arrivé au marché, Tagada se précipite dans un sac de farine, puis sur l'étal de poissons, saisit une sardine, et se dirige vers le jardin. On le suit en courant, main dans la main.

D’un bond, il grimpe sur un arbre,
et se hisse jusqu’en haut. « Tagada, reviens vite ! »
Dans un saut périlleux très gracieux Tagada plonge
dans un buisson.

Des pétales de couleur volent dans les airs.
C'est merveilleux. Il ressort couvert de fleurs,
suivi d'un chaton tenant la sardine entre ses babines.
Quel drôle de magicien !

Tagada bondit dans mes bras en ronronnant.
À son tour, le chaton grimpe sur mon épaule
et lèche ma joue joyeusement.

« Tu sembles très câlin, on t'appellera Tsoin Tsoin !
Ce sera le cirque tous les soirs à la maison !

– On pourra venir chez toi ? » demandent les élèves.
J'avais soudain plein d'amis !

« Oui ! Et Tagada nous apprendra des tours de magie ! »
dis-je, ravie.